Cantera de la palabra
(Carabobo)

Antología

Editorial Giraluna

© Editorial Giraluna R.L, 2019
Primera edición: 2019 (Libro Digital)
Derechos Reservados

Edición al cuidado de:
Rey D' Linares
reydlinares69@hotmail.com

Diseño de la portada:
Carolina Linares
artesgraficas20042009@gmail.com

Impreso en Venezuela por:
Cooperativa Taller Editorial y Literario "Giraluna"
J-29614384-6
editorialgiraluna2008@gmail.com
Teléfono: (+58) 0212-524.25.33

Depósito Legal: DC2019000400
ISBN: 978-980-7257-53-4

Presentación

Nací un 21 de octubre de 1962, en Valencia Estado Carabobo, soy la menor de diez hermanos y a decir verdad la época más linda que recuerdo fueron mis años de infancia y mi adorada juventud, esa juventud adolescente cuando inicié mis años en la secundaria. El esperado día para ir al liceo, fue una emoción muy grande... Mis padres fueron: Rafael Leopoldo Tortolero Rivero y Juana Ojeda de Tortolero, ambos de Bejuma, pueblo situado al occidente de Carabobo y ambos descendientes de españoles canarios, mi padre dedicado al cultivo de las tierras y mi madre mujer de hogar, la que también en algún momento de su vida fue maestra de escuela. En Bejuma nacieron mis hermanos mayores, cuando ya mis padres se trasladan a Valencia, se radican en este hermoso lugar llamado Agua Blanca, tierras de muchos potreros y sabanas, cantidad de árboles inmensos, eso fue tal vez lo que le llamó la atención a mi padre y construye allí su casa, en esa casa nacimos el resto de los hermanos incluyéndome yo, fue aquí donde me crié y crecí bajo los cuidados de mi madre y mi adorada abuela Pipa, a la que nunca borraré de mis recuerdos. A su llegada a este lugar tan hermoso, mi padre se dedica al comercio algo que ejerció con mucha honradez, responsabilidad y seriedad. Funda la bodega del pueblo que él mismo le dio el nombre de Bodega

El Añil, por estar cerca de una quebrada de aguas cristalina llamada así mismo. Hoy día ya no es cristalina, por todas las construcciones y las selvas de cemento que se han levantado a sus alrededores. Todo aquél que venía para acá no se iba sin comprar algo de la bodega de mi padre vendía de todo un poco, era algo así como un Makro, no había nada que papá no vendiera. Tenía quincalla, perfumería, charcutería, ventas de toda clase de verduras, carnicería, panes y, chucherías y refrescos, de todo absolutamente de todo había, y ya todos la conocían además como la bodega de Tortolero. Mi padre trabajó mucho tras ese mostrador y los únicos días que descansaba eran los domingos porque iba a la misa en la iglesia de Agua Blanca y el día de Viernes Santo, por ser el día en que se conmemora la muerte de nuestro señor Jesucristo, el resto todos los días no cesaba de despachar y llevaba perfectamente sus cuentas. Hoy por hoy me siento muy orgullosa de haber sido su hija, su buen ejemplo y rectitud fue lo máximo que nos entregó toda su vida.

Inicié mis estudios en la Escuela Nacional Julio Castro, que quedaba en Los Colorados por Caja de Agua, pero esa primera experiencia en mi vida como estudiante fue fatal, pues recibí una impresión y un golpe con una regla de la maestra del primer grado porque no les dije las primeras letras, tras eso lo que hacía era llorar e irme a buscar a mi hermana Ada a su salón porque me ponía a llorar y no quería estar allí. Luego deciden no enviarme más, sin embargo cuando estaba en el patio de mi casa que era realmente una entrada que teníamos al patio de la Sra. Rosa de Henry, ella en su casa tenía hospedada por ese entonces a una cuñada de ella, llamada Magdalena, esta señora me tomó mucho cariño y a pesar de que no me gustaba mucho por su color pues ere muy negrita, me dio mucho cariño y en sus piernas mientras me hacía los crespos en mi cabello poco a poco me iba enseñando las letras y me contaba cuentos y leyendas de marinos y de barcos pues su esposo fue capitán de la naval, es así como aprendí a leer y escribir entre cuentos, poesías y leyendas. Esa señora al igual que mi adorada Pipa, marcaron mucho mi ida ya que fueron especial en todo momento conmigo, de allí paso luego al colegio donde me inscriben nuevamente en el primer grado con seis años cumplidos, pero ya con otra maestra (Gracias a Dios) ja ja…

Pienso que tal vez que de la maestra Magdalena, de mi abuela Pipa y de mi madre me vino esa vocación que siempre he tenido hacia la enseñanza.

Terminada mi primaria, comienzo mi bachillerato en el Ciclo Básico Común Carabobo, hoy día se denomina U.E Carabobo, quien iba a decir que posteriormente yo iba a trabajar en el liceo donde me formé y así es, actualmente ejerzo la docencia allí en ese liceo. El cuarto y quinto año lo hice en el liceo Pedro Gual, ambos liceos tanto el Carabobo como el Pedro Gual, eran los pioneros de todo el Estado Carabobo, los cuales ya hoy día no son los mismos…Inicié y culminé mis estudios universitarios en la Universidad de Carabobo, en la Facultad de Educación, donde me residí primero como licenciada en Lengua y Literatura y luego hice mi maestría en Literatura Venezolana, actualmente estoy culminado mi tesis doctoral Dios mediante para así cerrar ese ciclo de estudios al que me he dedicado.

Tengo dos hijos Emmanuelle el mayor y Judith la menor, ambos ya adultos y profesionales, gracias a Dios doy todos los días de mi vida por ellos, pues son el tesoro más grande que Dios me ha regalado y ellos han sabido responder a todas las vicisitudes por las que hemos tenido que pasar, pero de las cuales hemos salido airosos manteniéndonos siempre juntos y muy unidos.

Termino diciéndoles queridos amigos que en la vida nada es

fácil y a mí me ha tocado que luchar arduamente para lograr las metas. He reído, así como también he llorado, he amado y me he sentido amada y en todo momento a mi lado mi eterna compañera: Mi poesía…

Nery Tortolero

A manera de prólogo

En el año 2013, tuve la suerte de recibir un proyecto de la mano de mi amiga Maigualida Pérez. Se trataba del resultado de un ciclo de talleres realizado a un grupo de jóvenes estudiantes de bachillerato del Estado Yaracuy, de los cuales 13 quedaron seleccionados. La historia es muy larga, pero para simplificarla, terminó diciendo que Editorial Giraluna publicó esa antología. La presentación del libro se hizo inicialmente en Caracas y posteriormente se realizaron otras presentaciones en el Estado Yaracuy. La editorial llevo este libro a concurso en la Asociación Latinoamericana de Editores y Editoriales Independientes (ALEEI), obteniendo una mención especial en el año 2015.

En vista de todas las satisfacciones que originó tan maravilloso libro, presenté a Editorial Giraluna la propuesta de incentivar, impulsar y publicar una antología de liceístas por cada Estado del país. Y ello nos trae aquí. Enterado del excelente trabajo que viene realizando la Profesora Nery Tortolero en la Unidad Educativa Carabobo, ubicada en Valencia, Estado Carabobo, donde con mucha dedicación forma a los jóvenes en el dominio de la palabra, con magníficos resultados, es que le planteo la posibilidad de realizar una antología que representaría a ese Estado, dentro del Proyecto Cantera de la palabra. Una vez aceptada por parte de ella y emocionados los jóvenes, tenemos nuestro primer encuentro en Caracas, donde comienzo a recibir el material y luego de tantos tropiezos debido a las situaciones que en este preciso momento atraviesa nuestro país, al final vemos la luz con este libro que viene, ahora en Formato Digital, a iniciar una nueva etapa.

Por otra parte debo agradecer a la Profesora Nery Tortolero, toda la paciencia, el empeño y vocación que tuvo para llevar a feliz término esta antología, es la primera vez que sus muchachos son publicados y esto es el inicio de un trabajo que apenas comienza. Igualmente debo felicitar a estos jóvenes que sintieron la necesidad de expresarse y guiados por su profesora, recibieron las herramientas que ella les brindo y aquí está su obra.

Sinceramente espero que esta antología sea el punto de partida para que estos jóvenes inicien su camino por el mundo de las letras, y pueda encontrarlos dentro de algunos años recogiendo el fruto de esa siembra.

A los lectores, los invito a disfrutar de estos textos entre poesía y narrativa de este grupo de escritores noveles y a seguir su trayectoria, seguramente mucho escucharemos de ellos.

¡Bienvenidos!

Rey D' Linares
Poeta, escritor y editor

Cantera de la palabra (Carabobo)

Antología

Alejandro Josué Rodríguez Escalona (Maracaibo, Edo. Zulia, 2000). Hijo de Alejandro Alberto Rodríguez Finol y Patricia Madeline Escalona Machado. Curso sus estudios de primaria en el Colegio Pedro Castillo y luego en la Unidad Educativa Carabobo. Es aficionado a la Física, a la Historia, al Teatro, a las Ciencias y a la Tecnología.

Tiene una novela inédita de ciencia ficción titulada "Protos".

LA CHICA DE LA INDECISIÓN

Recuerdo cuando te vi aquella vez
mis ojos te contemplaron y mi alma bailó
luego de que un año pasó…
Mis sueño una realidad se volvió
y aunque lo nuestro poco tiempo duró
en mi corazón por siempre se quedó.

MI HERMANA DE OTRA MADRE

Las aventuras que juntos compartimos
son muchas para contar...
Lo importante en verdad fue preservar nuestra amistad
pues con tristeza te veo partir...
Con la esperanza de que allí donde vayas te sientas feliz
dentro de mí una visión alimenta mi vida...
Esta se trata de que algún día
en cualquier sitio o en cualquier lugar
nuestras sonrisas volvamos a cruzar.

LA IGLESIA

La gente viene buscando el perdón
tras hacer los actos que a la condena los arrastró…
Lo que no saben ellos es que así como el fuego…
Lo espantoso de sus actos los consumirá por completo.

UN AMOR COMPLICADO

Mi ser como un tonto actúa
cuando frente a mis ojos te sitúas...
En ti encuentro mi más dulce salvación
y a la vez mi más amarga condenación...
Eres tan cruel como un castigo medieval
pero en mis brazos tu calidez a mi alma hace suspirar...

LOS GUARDIANES

Ellos son los protectores y guardianes
del universo es su nombre
uno es rápido y sagaz
el otro es poderoso como un fuerte vendaval…
Ante ellos la guardia no se debe bajar
pues el de pelo blanco te lo hará lamentar…
Entre sombras y tinieblas
un cuervo en la oscuridad te asecha…
La justicia a todos llegará sea Dios o sea mortal
pues su castigo divino sobre todo caerá…

Daniela Paola Bastidas Zapata (Valencia, Estado Carabobo, 2000) Sus padres son Yris Máyela Zapata López y Pablo Belarmino Bastidas Castillo. Estudió primaria en el Colegio Antonio Guzmán Blanco y secundaria en e la Unidad Educativa Carabobo. Practicó danza árabe, flamenco, danza tradicionalista y ballet. Le gusta nadar, leer, escribir poesía y narrativa. Siente una pasión por el arte culinario y espera estudiarlo en un futuro cercano y llegar a ser una gran chef.

**

Al ver las estrellas recuerdo el brillo de tus ojos,
apreciar la media luna y ver en ella tu hermosa sonrisa,
Tener que fingir que soy feliz cuando soy infeliz
Por tú no estás aquí…

**

Es tan dura como una piedra,
pero a la vez, sensible como una flor,
con un carácter regio, sin perder su sencillez y humildad,
poder decir con firmeza
que eres una de las mujeres más maravillosas del universo
y tener el privilegio de decirte: Abuela.

**

Como saber si Dios existe si no lo puedo ver…
Creo que soy mala cristiana,
pues he puesto en duda mi fe…
Pero como no hacerlo si hay tanta maldad,
a lo mejor si existe un Dios,
pero hasta ahora me quedaré con mis dudad;
Si existe o no…

**

Fingir ser tu amiga cuando no quiero ser,
Tratar de no demostrarte amor,
cuando realmente siento un inmenso amor por ti…
Es imposible no pensar en ti, si te veo en mis sueños,
es tanto el amor que hasta duele…

**

Oler un aroma y sentir un Déjà vu,
ver lugares donde jamás en mi vida he estado
y parecer que vives en ese lugar,
mirar a una persona que no conoces
y en un instante haces clip con ella.
Son cosas inexplicables que te hacen pensar
que tal vez podría ser que viviste esto en otra vida.

Gerardo Enrrique García Humpierrez (Valencia, Estado Carabobo, 2000) Hijo de Cybell Alejandra Humpierrez y Gerardo José García, tiene dos hermanas Amelie y Paula García. Siente una fuerte inclinación por la narrativa.

Este relato en particular fue hecho en base de un sueño recurrente que se mantiene en su mente de forma reiterada, perforándola y confundiéndola, haciendo que se cuestionaran cosas en él.

ENAMORADOS SIN ESPERANZA

Pasó un tiempo desde esa noche, pero no importa lo que haga, no puedo sacarla de mi mente. Fue el primer día en de nuestro viaje escolar, un viaje de tres días a un sector costero. Rin, el chico callado de mi clase, alguien bastante agradable, que estaba sumamente deprimido porque ninguno de los chicos del curso le hablaba, lo cual no era a propósito, era sólo que le tenían miedo, ya que se le creían un chico problema, pero yo no le prestaba atención a los rumores, ya que para mí era una persona muy agradable y de buen trato.

Llegamos al hotel y cada uno se fue por su lado, la profesora encargada nos dijo que disfrutáramos del lugar, pasamos casi toda la tarde en el lugar, cada quien por su lado, hasta la noche, en la que volví a ver a Rin, esto me generaba mucha alegría.

Estuvimos gran parte de la noche riendo, hablando trivialidades y jugando cartas para que luego ir al comedor junto a la profesora y los demás a cenar, era algo simple, una comida ligera, nada ostentoso. Al rato Rin intentó nuevamente hablar con sus amigos del curso, pero ellos lo rechazaron de una forma muy cruel, sintiéndome muy mal por él, a los pocos minutos la mayoría se retiraron del lugar, dejándonos prácticamente a solas, haciendo que el ambiente fuera sumamente incómodo, quería irme de allí, pensaba que sería una situación incómoda quedarme a solas con Rin. Antes de que pudiera decir algo, Rin se tomó el contenido de una lata que venía con la comida y me miró sumamente furioso alzándome la voz, diciendo que yo también lo iba a abandonar, no mentía, pero hizo que me quedara por miedo a su ración.

Me senté a una distancia considerable, Rin parecía enojado

por ello, aunque estaba actuando de forma extraña, repentinamente empezó a hablar de las personas más sorprendentes para él, burlándose de que no entraba en ella. Ambos nos reímos, no podía evitarlo. Él seguía riendo prácticamente solo, hablando en un tono de voz sumamente cómico, le confesé que yo no le veía sentido al él porqué los demás no le hablaban, él al escucharlo se animó y me mostró una gran sonrisa, una que me llenaba de alegría, algo llamó mi atención. La lata que sostenía ya se encontraba vacía, él la bajó y se levantó de donde estaba comenzando a tambalearse, entonces el olor a alcohol llegó a mí, eso que había tomado era cerveza, supongo que fue una equivocación al entregarle su comida.

Reí un poco ante lo descabellado de la situación, pero entonces la primera lágrima de Rin cayó, suponía que era efecto del alcohol. Él empezó a lamentarse de que Gabriela (la chica de sus ojos) lo depreciase y que no le dirigiese la palabra, lo que me genero lástima. Traté de consolarlo un poco, como cualquier amigo lo haría, él me abrazó con fuerza y sentí algo novedoso, un impulso algo extraño, no pude contener y lo bese. No se opuso, tenían un ligero sabor a alcohol, fue un beso largo, él hizo el gesto para sentarme, pero yo me opuse sujetándole, dejándolo confundido. Luego lo lleve a su habitación.

Fue un tanto difícil el trayecto, al estar bajo los efectos del alcohol estuvo a punto de derribarme varias veces, yo solo hacia resistencia para no abrazar el suelo.

Al ver la puerta de su cuarto en mi mente se escuchaba un coro de ángeles, entramos y lo recosté sobre la cama, para después marcharme, antes de hacerlo me sujeto y me empezó a jalar haciendo que callera sobre él. Me abrazo con fuerza, dejándome atrapado en sus brazos, solo podía forcejear haciendo que soltara quejas, solo me llamaba y me rogaba en voz baja que me quedara con él, yo ya cansado obedecí correspondiendo su abrazo forzado.

Al pasar de las horas desperté y salí de su cama, para tomar rumbo a mi habitación, al llegar caí en la cama y dormí unas horas más, para después salir al restaurante del hotel a desayunar, al terminar me lo encontré en uno de los corredores, dándome risa el estado en el que se encontraba la noche anterior producto de una única cerveza que bebió. Él solo me miró algo confundido, preguntándome que hizo después de cenar. Me sorprendió que olvidara lo que hizo la noche anterior al consumir tan bajo nivel de alcohol, era de fotografía, pero en el fondo sentía una mezcla entre alegría y lastima, por que el beso que compartimos y porque desde mi interior sentía que se alejaba una de las oportunidades más grandes de mi vida.

José Alejandro Herrera Ramírez (Naguanagua, Estado Carabobo, 2000). Músico y cantante egresado del Tecnológico de Música de Valencia, que actualmente estudia en la Escuela Sebastian Echeverria Lozano. Ganador de la Voz Guzmancista (Canto). Espera poder cursar Comunicación Social.

BAJO EL PUENTE

No soy alguien a quien le guste observar
pero suelo retratar, todo lo que en este puente
suele pasar.

Desde historias de amor
donde amantes se encuentran en la soledad
con solo la luna de testigo y mi guitarra para acompañar.

A parte de la compañía. Veo la belleza de la soledad
que al filo de la tristeza un rio lleva en su caudal
las tragedias que humanidad nos suelen dar
a veces suelo escuchar lo que dicen los demás
historias bajo el puente por aquí suelen contar.

Quizá no puedo soñar.
pero en blanca poesía yo voy a contar
historias que en palabras, cortas suelen quedar
y en una obra musical mi sentimiento voy a dar
y no sabrás quien será el que de maravillas te va a enamorar.

Pues las memorias de este puente te pueden demostrar
que siempre tenemos algo que contar.

NO TE DETENGAS

Nadie ha pensado jamás
 Que casi nada de lo que quieres
¿Lo lograras?
Pero no lo hagas jamás
por qué pararte a pensar es dejar de soñar
y dejar de soñar es dejar de actuar.
Sé que debes trabajar
 y entiendo que el tiempo se te va
y vez tu juventud pasar.
¿Para qué te detienes a pensar?
Si cuando te dejas llevar
grandes cosas sueles ocasionar.
Ya no llores más por que
desechable la vida nunca lo será
porque todos tenemos una gran hazaña que contar.
Quizá seamos diferentes
aun así tengo fe en tu potencial
y junto a mí sabrás
que limites nunca tendrás.

Ahora descansa hijo mío
que mañana la vida seguirá
y tendrás mucho que contar.
sinceramente: tu Mamá.

SIN MOTIVOS

Casi siempre te veo pasar
y me gusta recordar
aquellas cosas que no sueles ni pensar.

¿Pero de que esto va?
ya que desde que te fuiste, todo empezó a marchar.

Por muy hermosa que seas, vacía siempre estás
con un corazón vacío sin nada que dar.

Aunque hayas hecho mal
las gracias yo te quiero dar
por haberme hecho cambiar
y dejarme sin motivos para regresar
con todas las malas cosas
con las que tiempo solía gastar.

INCERTIDUMBRE

¿Y dónde estoy?
¿Dónde estaré?
Ni siquiera yo sé a dónde iré.

Y no lo sé
Ni quiero saber si escapar
o quedarme me hará bien.

¿Y si morir está bien?
Pues más miedo la duda da
 que el verdadero destino aceptar.
Pues prefiero continuar y saber
si es el miedo a ser o el miedo a no ser.

Todo esto pasa siempre cuando veo frente a mí
el recuerdo que soy yo mismo el que me hago sufrir.

RUIDO

Muchas veces suele pasar
que el ruido no te deja pensar
no lo hará pues el ruido es la señal de necesidad
necesidad de salir
de advertir que si te quedaras aquí, vas a morir.

Estancarse, terrible suele ser
en una familia que sagrada se cree ser
pero de sagrada no tendrá nada y nunca lo tendrá
aunque nadie pueda escuchar su ruido
el hogar lleno de ruido está
y este tiene una gran necesidad que hace matar
sueños que belleza suelen dar
pero padres ignorantes suelen enterrar.

Por eso te debes marchar
para por fin irte a volar
y abandonar el nido de cosas malas
que atrapado solías estar
en 18 años de esclavitud
que lograste pasar
y estarás ahora en libertad.

María Gabriela D'Matos Díaz (Valencia, Estado Carabobo, 2000). Hija de Jesús Román D'Matos Cumana y Lilia Virginia Díaz Colombo. Habiendo cursado sus estudios en diversas escuelas e institutos, sus últimos años los vivió en la Unidad Educativa Carabobo. Conocedora del arte de la música estudio en un conservatorio el cual abandonaría por cuestiones personales, antes de él ya era una flautista con buen oído musical. En el mundo de la literatura posee poesía y unas novelas breves. Tuvo que dejar sus estudios y amigos para encontrar una mejor vida en Uruguay, donde reside actualmente.

**

Podía divisar una mano que me ofrecían
pero que por alguna razón atraparla no podía…
Mis sueños tratan de salvarme en la realidad…
Aunque en cada intento suelen fallar
separarme debía de todas mis fantasías
a pesar de lo mucho que eso me dolía
pero llegué a un punto donde pude entender
que de los que creía cruel debía aprender.

**

Intentando buscar el cielo he caído en el infierno
donde la oscuridad gobierna junto a un frío eterno...
Buscaba alguna luz o señal de calidez
y un lugar permanente al cual poder volver
finalmente encontré un sitio en el que podía permanecer
traición y masacre era lo único que se podía ver
pero duré en esa posición por una sola razón:
Y es que en el sonido de tu voz encontré la salvación.

**

Manos cálidas con fría actitud
inexpresiva a una gran magnitud
debes conocerla para lograr captar
sus sentimientos que escondidos están
si le agrada sentirás sobre ti
la luz confortante del amanecer
que esta no va a desaparecer
aunque la noche presente esté.

**

Existen personas incomprendidas
que creen que su existencia carece de sentido
llenos de desesperación en un lugar vacío
siendo prisioneros de su triste destino
aunque intentan salir de su mente corrompida
y sus ilusiones creadas por la enfermedad
no son capaces de mantener la cordura
pues sus traumas no lo dejan escapar.

Existen personas incomprendidas
que creen que su existencia carece de sentido

**

El viento soplaba en nuestros rostros fuertemente
en el lugar donde yace una gran y hermosa fuente
una réplica llena de candados de amor
que originalmente de Paris nació la tradición
un chico de pie miraba un candado con nostalgia
y este flojo se encontraba
lo tocó suavemente acariciando la hendidura
abriendo con una llave la pequeña cerradura
estaba sorprendida ante el acto del muchacho
a quien no le tembló el pulso para lanzar el candado
ante mi fija mirada volteaste al notarme
e inconscientemente pase a sonrojarme
y sin darnos cuenta justo en ese momento
nació un sentimiento reemplazando el sufrimiento.

Victoria Alexandra Lange Aranguren (Valencia, Estado Carabobo, 2000). Sus padres son Rolf Werner Lange y Belén Cristina Aranguren.

Su pasión es dibujar y escribir, disfruta de buenas historias y eso influyó en su comienzo en la escritura. Al escribir versiones alternativas le ayudó a desarrollar su escritura.
Sus metas a futuro son incursionar en los cómics y convertirse en actriz de doblaje. Convertirse en animadora 2D y dar vida a sus historias en caricaturas.

EL ARTE: UNA LIBERTAD

Es sabido que el arte puede ser encontrado en miles de formas, tanto como en un cuadro como en una canción, como en una poesía o en una actuación. Para aquel que gusta de pintar sabrá la magnífica sensación de liberación que se tiene al si quiera trazar una línea con un pincel en un lienzo, sabiendo que es el primer paso de una nueva obra maestra en sus ojos, sin embargo, ¿Esa magnífica sensación solo existe al hacer una pintura?

La respuesta es distinta para cada quien; para uno, un cuadro puede ser un simple dibujo con pinceladas y elementos, pero para otro, es la puerta a un suceso ocurrido con anterioridad o incluso una puerta a otro mundo, haciendo que genere interés en su historia.

En la música ocurre una situación similar, en la que una persona no presta atención a la letra de una canción ni lo que ésta *realmente* quiere decir, pero otra escucha atentamente, sumergiéndose en aquel mar de sentimientos que el autor deseó llevar a la luz; el músico, aquel que expresa lo que siempre ha querido decir a través de sus composiciones añadiendo una melodía ya sea amigable o melancólica, llevándolo a esa sensación de liberación y desahogo que éste tanto busca.

El poeta, individuo que expresa su amor, su alegría o incluso sus desdichas a través de sus versos cautivando el corazón de aquél que lo lea, aquellos sentimientos que éste guarda son liberados al empezar a escribir.

El actor, que no solo lee una escena del guion, la siente como si lo que le rodea estuviera ocurriendo en su vida diaria, al mencionar el diálogo con pasión que éste ha memorizado.

La visión de estos factores varía para cada quien, por dentro se puede preguntar, ¿A qué se quiere llegar con todo lo mencionado? Tan solo es ver un poco más allá de lo que una persona cree "simple", ver que esa canción que tanto se escucha no es una *simple* canción, si no la *liberación* emocional del compositor.

Aquella obra no es una *simple* actuación, es la *liberación* emocional del actor al darle vida a un personaje.

Aquella poesía no es una *simple* escritura, es la *liberación* apasionada del poeta de lo que le rodea.

Y sobre todo… Aquél cuadro no es una *simple* pincelada, es la *liberación* creativa del pintor y una historia que alguna vez tuvo lugar.

Eso es el arte, **una libertad**.

Índice

www.ingramcontent.com/pod-product-compliance
Lightning Source LLC
Chambersburg PA
CBHW071252130726
47998CB00003B/1159

9789807257534